Gabi Neumayer

Tiere aus aller Welt

Mit Illustrationen von
Johann Brandstetter

cbj ist der Kinder- und Jugendbuchverlag
in der Verlagsgruppe Random House

Unser herzlicher Dank gilt Hilla Stadtbäumer von der Redaktion der »Sendung mit der Maus«.

Verlagsgruppe Random House FSC-DEU-0100
Das für dieses Buch verwendete FSC-zertifizierte
Papier liefert Moorim Paper Co., Ltd., Korea.

Gesetzt nach den Regeln der Rechtschreibreform

1. Auflage 2010
© 2010 cbj, München
© I. Schmitt-Menzel / WDR mediagroup licensing GmbH
Die Sendung mit der Maus ® WDR
Alle Rechte vorbehalten
Lektorat: Ulrike Hauswaldt
Redaktion: Anette Weiß
Bildredaktion: Tanja Nerger
Umschlagbild und Innenillustrationen: Johann Brandstetter
Umschlagkonzeption: init. büro für gestaltung, Bielefeld
Bildnachweis für Innenfotos: Alamy Images, UK: 47 o. (Wildlive GmbH);
Corbis, Düsseldorf: 9 (Reuters/Stringer New Zealand),
17 (Ann & Steve Toon/Robert Harding World Images);
Gettyimages, München: 39 u. (The Image Bank/Ben Hall);
Mauritius-Bildagentur, Mittenwald: 23 (Alamy/Blickwinkel/Schuetz), 51 (Frank Lukasseck);
Photoshot, Hamburg: 5 (NHPA/Nick Garbutt), 26, 53 (NHPA/Daniel Heuclin), 27 (All Canada Photos),
32 (NHPA/Ken Griffiths), 39 o. (NHPA/Bill Coster), 47 u. (NHPA/Martin Harvey);
Picture Alliance, Frankfurt: 45 (Chromorange);
Waldhäusl, Waidhofen/Österreich: 18 (Arco Images/B. Liedtke)
Mausillustrationen: Ina Steinmetz
AW • Herstellung: Stefan Hansen
Layout und Satz: Sabine Hüttenkofer, Großdingharting
Reproduktion: Wahl Media GmbH, München
Druck und Bindung: Starlite
ISBN 978-3-570-13634-8
Printed in China

www.cbj-verlag.de

Inhalt

- 4 Warum hat der Eisbär eine schwarze Nase?
- 6 Sind Kängurubabys eigentlich stubenrein oder besser: beutelrein?
- 8 Wie kann der Tintenfisch so schnell durchs Wasser sausen?
- 10 Können Tiger auch schnurren, so wie Katzen?
- 12 Ist das Faultier wirklich faul?
- 14 Warum sind Haie so gefährlich?

Folienseite
- 16 Ist der Tölpel ein ungeschickter Vogel?
- 18 Spinnt eine Spinne ihr Netz immer gleich?
- 20 Warum haben Giraffen einen so langen Hals?
- 22 Warum schlafen Fledermäuse mit dem Kopf nach unten?
- 24 Wie können Ameisen so schwere Sachen tragen?

Panoramaseite
- 26 Wie wird aus einer Kaulquappe ein Frosch?
- 32 Welche ist die giftigste Schlange der Welt?
- 34 Was ist ein Kakapo?
- 36 Warum können Schimpansen nicht sprechen, wo sie uns doch so ähnlich sind?
- 38 Warum sieht die Stabheuschrecke wie ein Zweig aus?

Folienseite
- 40 Wird ein Chamäleon kariert, wenn es auf einem karierten Tischtuch sitzt?
- 42 Wozu braucht das Schnabeltier seinen Schnabel?
- 44 Wo ist bei Quallen vorne und hinten?
- 46 Warum setzen sich Vögel bei Krokodilen ins Maul?
- 48 Haben Elefanten wirklich ein besonders gutes Gedächtnis?
- 50 Warum hat das Kamel Höcker?
- 52 Wie können Geckos kopfüber an Scheiben laufen?
- 54 Mauslexikon*
- 55 Register

* Alle im Text farbig hervorgehobenen Begriffe werden im Mauslexikon erklärt.

Warum hat der Eisbär eine schwarze Nase?

Tatsächlich ist nicht nur die Nase des Eisbären schwarz, sondern seine gesamte Haut unter dem weißen Fell! Warum das so ist, das könnt ihr leicht selbst herausfinden.

Zieht eine schwarze Hose und ein weißes T-Shirt an (oder umgekehrt) und geht in die Sonne. Schon bald könnt ihr den Unterschied fühlen: Das schwarze Kleidungsstück ist wärmer als das weiße. Das liegt daran, dass schwarze Sachen Wärme aufnehmen. Weiße hingegen werfen die Sonnenstrahlen zurück wie ein Spiegel.

Die schwarze Haut des Eisbären kann die Sonnenwärme, die durch sein Fell bis an die Haut dringt, also besonders gut aufnehmen. Dafür ist es notwendig, dass das wärmende Sonnenlicht die Haut auch erreicht.

Das kann es, weil das Fell des Eisbären aus durchsichtigen Haaren besteht, die das Licht gut durchlassen.

Eisbären sind rundum ausgezeichnet gegen die Kälte geschützt. Das kann ihnen aber auch Probleme bereiten: Sie können nur über kurze Strecken schnell laufen, sonst bekommen sie einen Hitzeschock!

Nach drei Monaten dürfen die Eisbärenjungen ihre Schneehöhle zum ersten Mal verlassen. Sie bleiben dann noch ungefähr zwei Jahre mit ihrer Mutter zusammen.

Die schwarze Eisbärenhaut nimmt die Sonnenwärme auf. Eine dicke Fettschicht unter der Haut und die Luft, die sich in den gekräuselten hohlen Haaren fängt, sorgen dafür, dass die Wärme nicht wieder abgegeben wird.

Die Haare erscheinen nur deshalb weiß, weil viele nebeneinanderliegen und sie nicht gerade, sondern gekräuselt sind. Wenn ihr ein Stück durchsichtige Folie zerknüllt, sieht sie in der Mitte ebenfalls weiß aus.

Ein weißes Fell ist auch die beste Tarnung für den Eisbären. Er lebt im Treibeis der Arktis, das ist das Gebiet um den Nordpol herum. Um Robben zu fangen, muss er sich unbemerkt an sie heranschleichen können. Und mit seinem weißen Fell ist er im Eis kaum zu sehen.

Wenn im Sommer das Eis schmilzt, ziehen die Eisbären aufs Festland. Dort müssen sie sich mit Gras, Beeren und kleinen Tieren begnügen, bevor sie im Winter wieder auf Robbenjagd gehen können. Insgesamt wandern sie pro Jahr ungefähr 15 000 km, das ist so weit wie vom Nordpol nach Australien!

Sind Kängurubabys eigentlich stubenrein, oder besser: beutelrein?

Nein, wenn Kängurubabys noch ganz klein sind, sind sie nicht »beutelrein«. Das liegt daran, dass sie den Beutel ihrer Mutter erst einmal viele Monate lang nicht verlassen können. In dieser Zeit können sie natürlich auch nicht im Freien »aufs Klo« gehen. Deshalb säubert die Kängurumutter den Beutel regelmäßig mit ihren Pfoten.

Aber warum bleibt ein Kängurujunges überhaupt so lange im Beutel? Weil es – wie bei Beuteltieren üblich – schon nach etwa einem Monat Tragzeit auf die Welt kommt. Menschenbabys haben hingegen neun Monate Zeit, im Bauch ihrer Mutter zu wachsen. Kein Wunder, dass ein Känguru bei seiner Geburt nur zwei Zentimeter groß ist und weniger als ein Gramm wiegt!

Eine Kängurumutter kann mehrere Junge haben. Die Neugeborenen im Beutel und die älteren Jungen saugen dann an verschiedenen Zitzen.

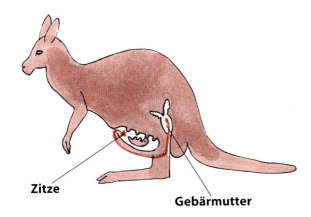

Zitze

Gebärmutter

Dieses winzige nackte Wesen kann weder hören noch sehen. Trotzdem schafft es etwas Erstaunliches: Es kriecht aus der Gebärmutter im Bauch seiner Mutter. Dann zieht es sich durch das Fell hoch, bis in den Beutel.

Im Beutel angekommen, saugt sich das Kängurujunge an einer Zitze fest. Tierforscher vermuten, dass es den Weg dorthin allein mit seinem Geruchssinn findet. Erst ein gutes halbes Jahr später macht das Kängurujunge seine ersten Ausflüge. Je älter es wird, desto länger werden diese Ausflüge. Aber es kehrt noch viele Monate lang immer wieder in den Beutel zurück, wenn es meint, dass ihm Gefahr droht.

Viel haben aber zumindest die erwachsenen Kängurus nicht zu fürchten. Die meisten leben in der australischen Steppe, auf sehr trockenem Grasland. Dort gibt es keine großen Raubtiere, die ihnen gefährlich werden könnten. Deshalb können auch die winzigen Kängurubabys normalerweise in aller Ruhe aufwachsen – und »beutelrein« werden.

Wie kann der Tintenfisch so schnell durchs Wasser sausen?

Tintenfische brauchen sich keinen Motor umzuschnallen, um wie eine Rakete durchs Wasser zu flitzen. Sie haben ihren eigenen Antrieb. Wie der funktioniert, das haben sich die Raketenbauer sogar bei den Tintenfischen abgeguckt.

Lange rätselte man auf der italienischen Insel Sizilien, wieso die Tintenfische in Küstennähe immer rechtzeitig fliehen, bevor der Vulkan Stromboli ausbricht. Der Grund ist: Sie können auch Töne hören, die für uns Menschen zu tief sind. Solche Töne entstehen zum Beispiel, wenn Erschütterungen einen Vulkanausbruch ankündigen.

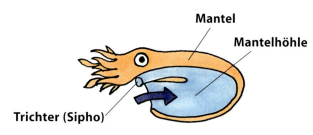

Mantel
Mantelhöhle
Trichter (Sipho)

Die Mantelhöhle ist offen und kann sich mit Wasser füllen.

Die Mantelhöhle ist geschlossen. Durch den Trichter wird das Wasser nach außen gedrückt.

Um schnell vorwärtszukommen, nutzt der Tintenfisch das Rückstoß-Prinzip: Erst saugt er seine Mantelhöhle voll Wasser. Dann verschließt er sie und pumpt das Wasser mit Druck durch einen kleinen Trichter wieder nach draußen. Das Wasser schießt nach hinten – der Tintenfisch wird nach vorn gestoßen. Das könnt ihr auch selbst ausprobieren: Pustet einen Luftballon auf und lasst ihn dann los. Die Luft zischt heraus und der Ballon saust durchs Zimmer.

Anders als der Luftballon kann der Tintenfisch aber seine Schwimmrichtung bestimmen. Dazu verändert er einfach die Stellung des Trichters.

Und er kann auch entscheiden, wie schnell er sich bewegt: Macht er die Trichteröffnung größer, schwimmt er langsamer. Macht er sie kleiner, dann wird er schneller.

Tintenfische gibt es seit mehr als 500 Millionen Jahren. Da hatten sie genug Zeit, um ganz besondere Eigenschaften und Fähigkeiten zu entwickeln, zum Beispiel diese:

1. Sie versprühen Tinte, um ihre Feinde zu verwirren.
2. Sie können ihre Farbe verändern und sich dadurch bestens an ihre Umgebung anpassen. Außerdem setzen sie Farben ein, um sich mit anderen Tintenfischen zu verständigen.
3. Zusätzlich können sie ihre Haut glatter oder hubbeliger machen, sodass sie rundum perfekt getarnt sind.

Tintenfische sind sehr intelligent. Sie finden sich genauso schnell wie Ratten in einem Labyrinth zurecht und können sogar Schraubverschlüsse öffnen!

Der Mimikrykrake kann sich durch sein Farbspiel sogar als ganz anderes Tier tarnen: hier als Flunder, als Seeschlange und als Rotfeuerfisch.

Können Tiger auch schnurren, so wie Katzen?

Ja, das können sie tatsächlich. Alle Katzen können das, sowohl Großkatzen wie der Tiger als auch Kleinkatzen wie unsere Hauskatze. Aber während Kleinkatzen beim Ein- und beim Ausatmen schnurren können, schaffen Großkatzen das nur beim Ausatmen.

Warum das so ist, das weiß man allerdings noch nicht. Das ist aber gar nicht ungewöhnlich: Bei vielen Fragen, die einfach klingen, sind jahrelange wissenschaftliche Forschungen nötig, bevor man sie beantworten kann. So ist es offenbar auch mit dem Schnurren.

Abgesehen davon weiß man über den Tiger aber so einiges. Zum Beispiel, dass er bis zu drei Meter lang werden und über 200 Kilogramm wiegen kann. Damit ist er die größte Katze überhaupt. Trotz seines Gewichts ist er aber schnell und wendig und ein sehr guter Kletterer.

Tiger kühlen sich in Seen und Flüssen ab, wenn es ihnen zu heiß wird. Sie schwimmen überhaupt sehr gern und viel. Manchmal fressen sie dabei Fische und Frösche. Die Hauptnahrung der Tiger sind allerdings größere Tiere wie Hirsche, Schafe und Wildschweine.

Die meisten Tiger leben in Indien, in einer Landschaft mit hohem Gras, Büschen und Wald. In dieser Mischung aus Licht und Schatten sind sie mit ihren Streifen hervorragend getarnt.

Als Raubtiere brauchen Tiger feine Sinne. Sie können sehr gut sehen – auch nachts – und riechen und hören hervorragend. Vor allem können sie Geräusche sehr gut orten, weil sie ihre Ohren unabhängig voneinander verstellen können. Wenn wir Menschen eine Feuerwehrsirene hören, wissen wir erst mal nicht, aus welcher Richtung das Feuerwehrauto kommt. Erst wenn es ganz nah ist, können wir das sicher sagen. Tiger hingegen hören immer sofort, woher ein Geräusch kommt. Ob das nun eine Sirene ist oder ein Schnurren.

So jagt ein Tiger: Er schleicht sich nah an seine Beute heran, duckt sich und springt dann auf sie zu. Dabei baut er auf den Überraschungseffekt – denn für eine Verfolgungsjagd fehlt ihm die Ausdauer.

Ist das Faultier wirklich faul?

Auf den ersten Blick spricht alles dafür: Faultiere schlafen fast den ganzen Tag und bewegen sich nur sehr langsam – wenn überhaupt.

Ob sie nun schlafen oder wach sind, meist hängen sie einfach mit dem Rücken nach unten an einem Ast. Ihre Klauen lassen sich ineinander verhaken, sodass die Faultiere nicht herunterfallen können.

Weil es im Regenwald Südamerikas immer feucht ist, können in ihrem Fell sogar Algen leben. Dadurch schimmert das Fell grünlich und tarnt die Tiere bestens.

Weil das Faultier kopfüber hängt, wachsen ihm die herunterhängenden Blätter – seine einzige Nahrung – direkt ins Maul. Doch Blätter sind schwer zu verdauen und liefern dem Faultier nur sehr wenig Energie.

Die Jungen werden geboren, während ihre Mutter kopfüber an einem Ast hängt. Sie verbringen die ersten Wochen auf ihrem Bauch.

Und da liegt der eigentliche Grund, warum das Faultier so langsam lebt: Es muss mit der wenigen Energie sparsam umgehen. Eigentlich müsste es also »Energiespar-Tier« heißen! Als die Menschen das Faultier beobachtet haben, ist ihnen das jedoch entgangen. Sie haben es einfach nur als faul eingeschätzt.

So kommen übrigens die meisten Tiere zu ihren Namen: Wir vergleichen ihr Verhalten, ihr Aussehen oder ein besonderes Merkmal mit etwas, das wir schon kennen.

Die Fliege heißt so, weil sie fliegt. Ganz einfach. Auch die Spinne ist nach ihrer auffälligsten Tätigkeit benannt worden, dem Spinnen von Netzen.

»Koala« bedeutet in der Sprache der australischen Ureinwohner »trinkt nicht« – weil Koalas ihre Flüssigkeit fast nur über die Nahrung aufnehmen.

Jedes Tier bekommt aber auch einen wissenschaftlichen lateinischen Namen. Der schwedische Wissenschaftler Carl von Linné hat sich dieses System vor 250 Jahren ausgedacht: Jeder Name besteht dabei aus zwei Teilen. Der erste bezeichnet die Gattung (= Untergruppe), der zweite ist oft ein bildhafter Begriff. Zusammen bilden sie den Namen der Tierart.
Zum Beispiel:

Bradypus torquatus

Gattung der Dreifinger-Faultiere   »mit einer Halskette geschmückt«

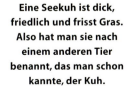

Eine Seekuh ist dick, friedlich und frisst Gras. Also hat man sie nach einem anderen Tier benannt, das man schon kannte, der Kuh.

Der Zitronenfalter ist gelb wie eine Zitrone.

»Bradypus torquatus« ist der wissenschaftliche Name für das Kragenfaultier. Es gibt mehrere Gattungen und verschiedene Arten von Faultieren. Die aber alle gar nicht faul sind, wie ihr ja jetzt wisst!

Warum sind Haie so gefährlich?

Haie sind große Fleischfresser. Aber das sind Bären oder Tiger auch. Trotzdem haben die meisten Menschen mehr Angst vor Haien als vor Tigern. Das liegt aber nicht daran, dass Haie besonders gefährlich wären, sondern daran, dass sie im Wasser leben – und wir nicht. Und vor etwas, das uns weniger vertraut ist, haben wir mehr Angst.

Seit 400 Millionen Jahren gibt es Haie. In dieser Zeit haben sich diese Raubfische hervorragend an das Leben im Meer angepasst. Dabei haben sie auch ganz besondere Sinne entwickelt.

Ein Hai kann Töne hören, die mehrere Kilometer entfernt sind. Das liegt vor allem daran, dass Wasser den Schall viermal schneller leitet als Luft. Haie sind aber auch in der Lage, sehr viel tiefere Töne zu hören als wir. Dadurch bekommen sie sogar mit, wenn irgendwo ein Fisch zappelt, denn das erzeugt besonders tiefe Töne.

Die Zähne des Hais sind nach innen gebogen. Damit kann er seine Beute gut festhalten. Und wenn er mal einen Zahn verliert, rückt einfach ein fertiger Reservezahn nach.

Noch verblüffender ist der Geruchssinn des Hais. Haie können etwas riechen, das mehr als hundert Meter entfernt ist. In Versuchen mit Riffhaien hat man herausgefunden, dass die Tiere einen einzigen Tropfen Fischduft in der Wassermenge eines ganzen Schwimmbads riechen können!

Wie fast alle Fische verfügen die Haie außerdem über ein Seitenlinienorgan. Das ist ein Kanal, der vom Kopf bis zum Schwanz reicht und mit einer Flüssigkeit gefüllt ist. Haie können damit Bewegungen und Erschütterungen im Wasser wahrnehmen.

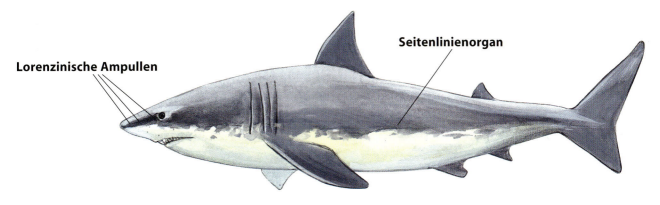

In Geschichten und Filmen werden oft Menschen von Haien angefallen. Aber das passiert in Wirklichkeit nur sehr selten. Nur etwa zehn Menschen werden im Jahr durch Haie getötet. Durch die Begegnung mit giftigen Quallen sterben schon allein fünfzig!

Der für uns erstaunlichste Sinn des Hais sind aber die **Lorenzinischen Ampullen.** Das sind dunkle **Poren** rund um Schnauze und Augen, die unter der Haut in sehr empfindlichen **Zellen** enden. Erst seit ungefähr vierzig Jahren weiß man, wozu sie gut sind: Der Hai kann damit elektrische Reize wahrnehmen, sogar so schwache, wie Lebewesen sie abgeben. Denn in jedem Lebewesen, auch im Menschen, fließt schwacher Strom.

Die meisten Haiarten können auch großen Meerestieren gefährlich werden. Der größte aller Haie ist jedoch völlig harmlos: Der Walhai wird so schwer wie drei Elefanten, frisst aber vor allem Plankton – das sind winzige Pflanzen und Tiere, die im Wasser schweben.

Ist der Tölpel ein ungeschickter Vogel?

Das kommt ganz drauf an, wo man ihn trifft. An Land wirkt der Tölpel tatsächlich etwas unbeholfen, mit seinen schwachen Beinen und den großen Flügeln. Davon haben sich die Menschen, die ihn zuerst sahen, wohl auch täuschen lassen. Sieht man den Tölpel aber in der Luft, merkt man, wie stark, geschickt und schnell er ist.

Als Meeresvogel verbringt er den größten Teil seines Lebens in der Luft – und auch im Wasser, wo er Fische jagt. Für dieses Leben ist der Tölpel hervorragend ausgestattet. Seine großen Flügel ermöglichen es ihm, stundenlang mühelos durch die Luft zu gleiten.

Der einzige Tölpel in Europa ist der Basstölpel, benannt nach der schottischen Insel »Bass Rock Island«. Fast 100 000 Tölpel gibt es dort. Solche großen Gruppen von Vögeln, die eng zusammen leben, nennt man Kolonien.

Bei den Tölpeln bauen meist die Männchen die Nester. Dafür sammeln sie Seetang, Erde und alles, was sie sonst noch finden, zum Beispiel Reste von Fischernetzen.

Der Tölpel ist aber nicht nur fürs Fliegen, sondern auch für den Fischfang bestens gewappnet.

① Das Leben auf einer Klippe ist praktisch für den Tölpel: Um loszufliegen, kann er sich einfach fallen lassen. Und weil die Luft vom Meer an der Klippe hochgedrückt wird, kann er auch mühelos wieder oben landen.

② Mit fast 100 Kilometern pro Stunde taucht der Tölpel ins Meer, um Fische zu jagen.

③ Mithilfe seiner Flügel kann er sogar bis zu 25 Meter tief tauchen! Mit seinem scharfen, kräftigen Schnabel fängt er dort Fische und verschlingt sie meist auch gleich.

Nicht alle Tölpel brüten auf einer Klippe. Manche Arten bauen ihre Nester in Bäumen oder sogar am flachen Strand. Das können sich aber nur Vögel in Gebieten leisten, in denen es keine Landraubtiere gibt. Sonst würden sie und ihre Eier schnell gefressen. Und das wäre wirklich tölpelhaft.

Der Tölpel kann seine Nasenlöcher verschließen, sodass kein Wasser hineinläuft.

Spinnt eine Spinne ihr Netz immer gleich?

Die Antwort darauf ist: Ja! Und auch: Nein … Alle Spinnen einer Art spinnen ihr Netz tatsächlich immer gleich. Es ist ihnen angeboren, wie die Form sein muss und wie das mit dem Spinnen überhaupt geht. Aber verschiedene Spinnenarten weben unterschiedliche Netze. Zum Beispiel diese hier:

Die Käscherspinne spinnt ihr Netz zwischen ihren vier vorderen Beinen. Dieses Fangnetz hält sie fest, während sie an einem Ast hängt. Kommt ein Insekt in ihre Nähe, fängt die Spinne es, indem sie das Netz über ihre Beute wirft.

Warum die Dreiecksspinne so heißt, kann man an ihrem Netz leicht erkennen.

Die Baldachinspinne baut ein flaches Netz und setzt sich darunter. Wenn ein Insekt auf dieses Netzdach fällt, spürt die Spinne die Erschütterung und greift zu.

Die bekanntesten Netze aber, die man zudem überall finden kann, weben die Radnetzspinnen. Sie brauchen dafür nicht länger als eine Stunde. Und so entsteht ein Radnetz:

Zuerst wird ein Ypsilon gesponnen.

Dann zieht die Spinne weitere Streben ein und spinnt einen Rahmen außen herum. Das sieht dann wie ein krummes Rad mit Speichen aus.

Schließlich spinnt sie von der Mitte aus mit einem klebrigen Faden die Spirale, in der sich die Insekten verfangen sollen.

Die Spinnfäden kommen aus den Spinndrüsen am Hinterleib der Spinnen. Die Spinne zieht den Faden mit den Hinterbeinen heraus. Es gibt verschiedene Spinndrüsen, und aus jeder kommt eine andere Sorte Spinnenseide: feste für die Rahmenfäden, weiche für die Spinneneier, besonders dehnbare für die Speichen in der Netzmitte und klebrige für die Fangspirale.

Wenn man einen Faden Spinnenseide und einen Faden Stahl vergleicht, die gleich dick sind, dann ist der Spinnenseidefaden reißfester und dehnbarer. Forscher in aller Welt arbeiten deshalb daran, Spinnenseide künstlich herzustellen, und sie haben auch schon erste Erfolge erzielt. Mit einem solchen Material könnte man eine Menge machen, zum Beispiel schusssichere Westen weben oder superleichte Flugzeugteile bauen.

Als Fliege sollte man sich von Spinnennetzen fernhalten. Für Menschen in unserer Gegend sind aber die wenigsten Spinnen gefährlich. Ihr könnt die kunstvollen Netze also ruhig aus der Nähe bestaunen.

Die Schwarze Witwe ist auch für Menschen giftig. In Europa gibt es sie nur an wenigen Orten, aber in Amerika sollte man aufpassen, wenn man auf einem Rast- oder Campingplatz aufs Klo geht. Die Schwarze Witwe spinnt ihr Netz nämlich besonders gern über Klobrillen!

Warum haben Giraffen einen so langen Hals?

Giraffen leben in der afrikanischen **Savanne**, wo es viel Gras, Büsche und einige hohe Bäume gibt. Und genau diese Bäume sind der Schlüssel zur Antwort auf unsere Frage.

Weit oben, in der Baumkrone, sitzen nahrhafte Blätter. An die kommt aber niemand heran, es sei denn, er ist so groß wie ein zweistöckiges Haus. Genau das trifft auf die Giraffe zu. Sie kann bis zu sechs Meter hoch werden und hat damit keine Mühe, an die Blätter zu gelangen. Dabei hat sie, genau wie der Mensch, nur sieben Halswirbel. Aber jeder von ihnen ist etwa vierzig Zentimeter lang!

Mit der Größe allein ist es allerdings noch nicht getan. Giraffen fressen vor allem Blätter von Akazienbäumen und die haben spitze Dornen an den Zweigen. Doch auch dafür ist die Giraffe bestens ausgerüstet: Ihre Schnurrhaare warnen sie vor den Dornen. Zunge, Lippen und Mund sind mit einer besonders dicken Haut und sehr zähem Speichel geschützt. Und mit ihrer Greifzunge, die einen halben Meter lang ist, kann die Giraffe die Blätter zwischen den Dornen gut abrupfen.

Dass sie so groß ist, hat für die Giraffe auch einen Nachteil: Beim Trinken muss sie ihre langen Beine weit spreizen, damit der Kopf bis nach unten reicht. Das ist sehr unbequem. Vor allem aber ist sie in dieser Haltung Raubtieren schutzlos ausgeliefert.

Der lange Hals der Giraffe hat sich also entwickelt, weil sie damit an Nahrung herankommen konnte, die andere Tiere nicht nutzen können. Dafür lohnt es sich offenbar, die Nachteile in Kauf zu nehmen, die ein so langer Hals eben auch mit sich bringt.

In der afrikanischen **Savanne** leben Giraffenkühe und ihre Jungen in kleinen **Rudeln** zusammen. Die Giraffenbullen ziehen allein umher oder bilden eigene Rudel.

Akazienbaum

Wenn es auf die Welt kommt, ist ein Giraffenjunges schon zwei Meter groß und wiegt so viel wie ein erwachsener Mensch. Zum Glück ist es sehr biegsam, denn bei seiner Geburt fällt es aus zwei Metern Höhe auf den Boden!

Warum schlafen Fledermäuse mit dem Kopf nach unten?

Wenn ihr mit dem Kopf nach unten schlafen müsstet, das wäre vielleicht unbequem und anstrengend! Für Fledermäuse ist es jedoch die praktischste Art zu schlafen. Um das zu verstehen, schauen wir uns den Körper einer Fledermaus einmal genau an.

Eine Fledermaus besitzt keine Flügel wie ein Vogel, sondern eine Flughaut. Die umspannt die Arme einschließlich der Finger und auch die Beine.

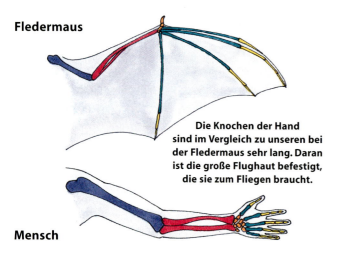

Fledermaus

Die Knochen der Hand sind im Vergleich zu unseren bei der Fledermaus sehr lang. Daran ist die große Flughaut befestigt, die sie zum Fliegen braucht.

Mensch

Nur die Füße sind frei. Da sollte man doch meinen, dass sie sich einfach wie ein Vogel zum Schlafen in ein Nest oder auf einen Ast setzen könnte.

Der Körper einer Fledermaus ist jedoch ganz anders geformt als der eines Vogels. Gleich unter dem Ansatz der Flughaut ist er am dicksten. So kann die Fledermaus sehr gut fliegen. Aber um zu sitzen oder sich hinzulegen und wieder aufzurichten, ist so ein Körper nicht geeignet.

Das könnt ihr euch ungefähr so vorstellen, als hättet ihr ganz dünne Beine und schmale Hüften, dafür aber einen riesigen Brustkorb. Da würde euch das Sitzen auch ganz schön schwerfallen! Deswegen hängt sich die Fledermaus zum Schlafen einfach an ihre Füße.

Das Leben »auf dem Kopf« hat für Fledermäuse noch mehr Vorteile:

1. Sie können in Höhlen unter der Decke schlafen. Dort erreichen Feinde wie Katzen und Schlangen sie nicht so leicht.

2. Wenn man mit dem Kopf nach unten hängt, braucht man keine Kraft darauf zu verwenden, sich im Gleichgewicht zu halten. Auch fürs Festhalten braucht eine Fledermaus kaum Energie.

Das Kopfüber-Hängen ist schon ganz schön praktisch. Zumindest für Fledermäuse.

Tagsüber schlafen Fledermäuse in großen Gruppen unter der Höhlendecke.

Vampire sind keine Erfindung: In Mittel- und Südamerika gibt es tatsächlich Vampirfledermäuse, die sich von Blut ernähren! Sie beißen einem Rind oder einem Vogel ein Stück Haut ab und lecken das Blut darunter auf. Für Menschen sind sie ungefährlich. Tierische Vampire gibt es also durchaus – menschliche Vampire hingegen kommen nur in Geschichten und Filmen vor!

Nachts gehen sie auf die Jagd. Die meisten Fledermäuse (hier ein Großes Mausohr) fangen dabei Insekten und Spinnen. Manche Arten fressen aber auch kleine Säugetiere wie Mäuse.

Wie können Ameisen so schwere Sachen tragen?

Wenn ihr so stark wärt wie eine Ameise, könntet ihr – je nach Ameisenart – ein Auto oder einen großen Lkw tragen. Denn manche Ameisen können Dinge bewegen, die bis zu dreihundert Mal mehr wiegen als sie selbst! Dafür gibt es zwei Gründe.

1. Ameisen haben sehr starke Muskeln.

2. Alle Insekten, Ameisen also auch, verfügen über ein besonderes Skelett. Es ist aus einem harten Material namens Chitin und umschließt den Körper von außen. Drückt einem Käfer oder einer Ameise einmal sanft auf den Rücken, dann merkt ihr, wie stark so ein Außenskelett ist! Unser Innenskelett aus Knochen hält viel weniger aus.

Manches Pflanzenteil oder Tier ist trotzdem zu schwer für eine Ameise allein. Dann tragen mehrere Ameisen die Last gemeinsam. Dabei verteilen sie das Gewicht auf alle. Eine große Ameise vorn hält die Last im Gleichgewicht, sodass sie nicht wegkippt, hinten tragen einige kleinere Ameisen.

Aber nicht nur ihre Stärke macht Ameisen so besonders. Sie sind staatenbildende Insekten, leben also in großen Gemeinschaften.

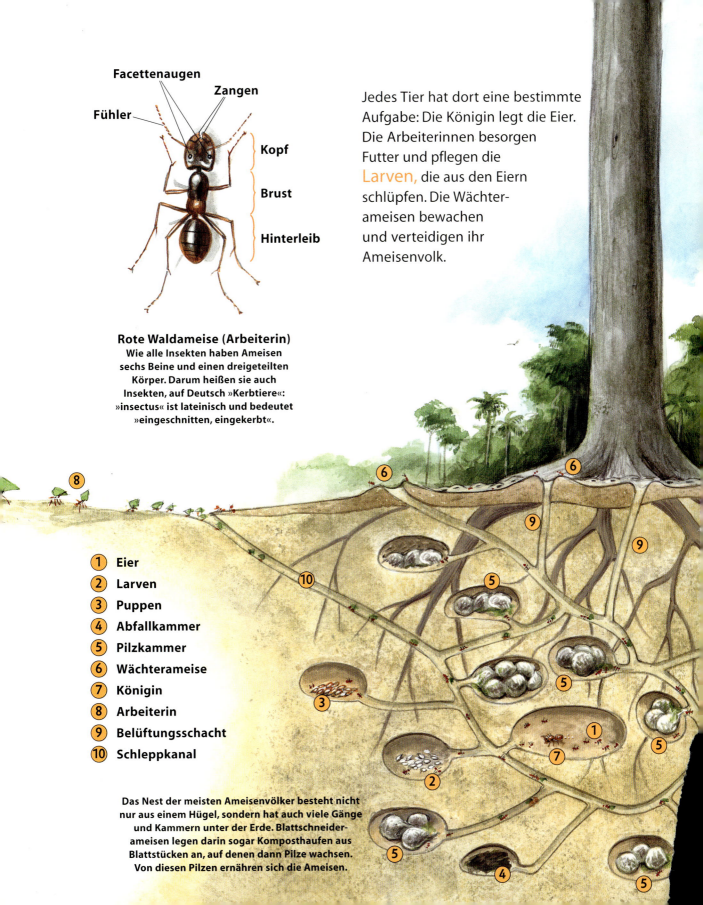

Rote Waldameise (Arbeiterin)
Wie alle Insekten haben Ameisen sechs Beine und einen dreigeteilten Körper. Darum heißen sie auch Insekten, auf Deutsch »Kerbtiere«: »insectus« ist lateinisch und bedeutet »eingeschnitten, eingekerbt«.

Jedes Tier hat dort eine bestimmte Aufgabe: Die Königin legt die Eier. Die Arbeiterinnen besorgen Futter und pflegen die Larven, die aus den Eiern schlüpfen. Die Wächterameisen bewachen und verteidigen ihr Ameisenvolk.

① Eier
② Larven
③ Puppen
④ Abfallkammer
⑤ Pilzkammer
⑥ Wächterameise
⑦ Königin
⑧ Arbeiterin
⑨ Belüftungsschacht
⑩ Schleppkanal

Das Nest der meisten Ameisenvölker besteht nicht nur aus einem Hügel, sondern hat auch viele Gänge und Kammern unter der Erde. Blattschneiderameisen legen darin sogar Komposthaufen aus Blattstücken an, auf denen dann Pilze wachsen. Von diesen Pilzen ernähren sich die Ameisen.

Frösche legen bis zu 4000 Eier auf einmal ab. Froscheier haben keine feste Schale; sie brauchen Wasser, um nicht zu vertrocknen.

(2) Aus den Eiern schlüpfen nach etwa zehn Tagen winzige **Larven,** die Kaulquappen. Sie sehen wie kleine Fische aus und atmen auch wie Fische nicht mit Lungen, sondern mit **Kiemen.**

Mit ihrem Ruderschwanz bewegen sie sich durchs Wasser, immer auf der Suche nach Algen. Die raspeln sie mit ihren scharfen Zähnchen von Steinen und Pflanzenstängeln ab.

Frösche haben keine Muskeln zum Schlucken wie wir. Stattdessen drücken sie ihre großen Augäpfel nach innen und schieben die Nahrung damit in den Magen. Manchmal helfen sie noch zusätzlich mit ihren Vorderfüßen nach.

Frösche fressen Libellen. Aber wenn beide noch jung sind, ist es umgekehrt: Kaulquappen sind eine beliebte Beute für die großen Libellenlarven!

Manche Tiere entwickeln sich über mehrere unterschiedlich aussehende Zwischenformen zu einem erwachsenen Tier. Eine solche Umwandlung heißt **Metamorphose.**

Ein Frosch lebt am Anfang seiner Entwicklung ausschließlich im Wasser. Deshalb hat er als Kaulquappe Flossen und einen Schwanz zum Schwimmen. Als erwachsenes Tier lebt er auch an Land und sieht dann ganz anders aus.

So verläuft die Metamorphose beim Frosch:

① Bei der Paarung hält das Froschmännchen das Weibchen fest umklammert. Wenn das Weibchen dann seine Eier ablegt, gibt das Männchen sofort seine Samenflüssigkeit dazu und verteilt sie mit den Beinen über den Eiern.

Nur die Augen gucken heraus, wenn ein Frosch im Wasser liegt. So ist er von Feinden nur schwer zu sehen und kann bei Gefahr schnell abtauchen.

Wie wird aus einer Kaulquappe ein Frosch?

Vom Ei über die Kaulquappe zum Frosch: Bevor ein Frosch ausgewachsen ist, durchläuft er in ungefähr siebzig Tagen mehrere Zwischenformen, in denen er noch gar nicht wie ein Frosch aussieht. Wie so eine Umwandlung genau abläuft, seht ihr, wenn ihr diese Seite aufklappt.

Frösche gibt es überall auf der Welt und ihre Eier sehen alle ziemlich gleich aus. Auch die Kaulquappen sind sich noch sehr ähnlich. Die ausgewachsenen Frösche jedoch kommen in allen möglichen Farben, Formen und Größen daher. Sie haben auch sehr unterschiedliche Lebensgewohnheiten, je nachdem wo sie leben:

Außer dem Maki-Greiffrosch gehören alle Frösche auf diesem Ast zu den **Baumsteigern.** Diese bunten Frösche leben in Mittel- und Südamerika. Mit ihren leuchtenden Farben warnen sie ihre Feinde: »Vorsicht, ich bin giftig!«

Warum sagt man »Sei doch kein Frosch!« zu jemandem, der sehr schreckhaft ist? Diese Redewendung geht auf ein Verhalten zurück, das man bei Fröschen beobachtet hat: Wenn sich etwas in ihrer Nähe bewegt, hüpfen sie blitzschnell weg, um sich in Sicherheit zu bringen.

Der westafrikanische **Goliathfrosch** ist der größte aller Frösche. Er kann bis zu 40 Zentimeter lang werden, ohne die ausgestreckten Beine, und bis zu vier Kilo schwer.

Der kanadische **Waldfrosch** wird auch Eisfrosch genannt, denn er wird im Winter eiskalt. Sogar sein Herz hört dann auf zu schlagen! Dass er im Frühjahr unversehrt wieder aufwacht, liegt an dem »Frostschutzmittel«, das der Frosch produziert, wenn es kalt wird. Es verhindert, dass er einfriert – auch wenn die Temperatur unter 0°C sinkt.

Gelbgebänderter Baumsteiger

① Maki-Greiffrosch

Der südamerikanische Maki-Greiffrosch scheidet aus seiner Haut eine fettige Flüssigkeit aus. Sie schützt ihn wie Sonnenöl vor der Sonne und verhindert, dass seine Haut austrocknet.

Erdbeerfrosch

Färberfrosch

② Pfeilgiftfrosch

In den tropischen Regenwäldern Mittelamerikas lebt eines der giftigsten Tiere der Welt: der Pfeilgiftfrosch. Er wird nicht größer als sechs Zentimeter – aber kaum eine Schlange oder ein Vogel wagt es, ihn zu fressen. Denn das Gift des Pfeilgiftfrosches ist auch für große Tiere tödlich, und das schon, wenn sie ihn nur berühren. Seinen Namen trägt er deshalb, weil die Indianer mit seinem Gift ihre Jagdpfeile bestreichen.

Frösche fressen vor allem Insekten, Würmer und Schnecken. Ihre klebrige lange Zunge können sie blitzschnell hervorschleudern und ebenso schnell wieder einziehen, sobald ihre Beute daran klebt.

Frösche sind wechselwarme Tiere, wie alle Amphibien, Fische und Reptilien. Das bedeutet, dass ihre Körpertemperatur von der Temperatur ihrer Umgebung abhängt: In der Sonne steigt sie, in der Kälte sinkt sie. In sehr kalten oder heißen Gegenden graben Frösche sich zum Schutz oft ein oder decken sich mit Erde oder Laub zu.

Wenn Wasser in der Nähe ist, können Frösche sich auch beim Schwimmen abkühlen. Nicht nur Kaulquappen, sondern auch erwachsene Frösche halten es dabei lange unter Wasser aus. Das ist möglich, weil sie nicht nur durch die Lunge atmen, sondern auch durch die Haut Sauerstoff aufnehmen.

Sie ist weich und von vielen Adern durchzogen, sodass der Sauerstoff aus dem Wasser direkt ins Blut gelangen kann.

Die Haut ist eins der Merkmale, an denen man Frösche und Kröten unterscheiden kann. Frösche haben eine glatte, feuchte Haut, Kröten eine trockene, warzige. Außerdem haben Kröten viel kürzere Hinterbeine, mit denen sie gut laufen, aber nicht gut springen können. Das müssen sie auch nicht, denn sie fressen vor allem Schnecken und Würmer. Frösche hingegen fressen alles, ob es nun kriecht, schwimmt oder fliegt – Hauptsache, es ist kleiner als sie selbst. Und mit dieser Eigenart sind sie überall auf der Welt erfolgreich.

③ Wenn sie größer werden, stellen sich die Kaulquappen allmählich auf das Leben an Land um. Sie entwickeln Hinterbeine, kurz darauf auch Vorderbeine, und ihr Schwanz wird kürzer. Sie kommen zudem immer öfter an die Wasseroberfläche, um Luft zu schlucken. So beginnen ihre Lungen zu arbeiten.

④ Der Stummelschwanz bildet sich zurück. Kurz bevor er vollständig verschwunden ist, geht der Jungfrosch an Land. Er ist in zwei Monaten von der Kaulquappe zum Frosch geworden, vom Pflanzen- zum Fleischfresser, vom Kiemen- zum Lungenatmer. Eine erstaunliche Verwandlung!

Frösche sind nicht die einzigen Tiere, die eine Metamorphose durchlaufen. Viele Insekten verwandeln sich ebenfalls bei ihrer Entwicklung zum erwachsenen Tier. Bei den Schmetterlingen zum Beispiel entsteht aus einem Ei zunächst eine Raupe, die sich nach einigen Wochen verpuppt. Aus der Puppe schlüpft dann der fertige Schmetterling.

Welche ist die giftigste Schlange der Welt?

Viele Schlangen sind giftig, aber nur wenige können auch dem Menschen gefährlich werden. Die giftigste Schlange von allen ist der Inlandtaipan. Die Giftmenge in einem einzigen seiner Bisse würde ausreichen, um 250 000 Mäuse oder mehr als 100 Menschen zu töten!

Glücklicherweise ist diese zwei Meter lange Schlange aber sehr scheu und greift Menschen nur an, wenn sie sich bedroht fühlt.

Warum sind Tiere überhaupt giftig? Gift ist in zweifacher Hinsicht fürs Überleben nützlich:

Der Inlandtaipan lebt in den Steppen und Wüsten Australiens, am liebsten in ausgetrockneten Flussbetten. Er sucht Unterschlupf in leeren Tierhöhlen und Felsspalten und ernährt sich vor allem von Ratten und Mäusen.

1. Es macht Tiere ungenießbar für Angreifer. Wer ein giftiges Tier frisst, bekommt – je nachdem wie giftig das Tier ist – einen verdorbenen Magen oder stirbt sogar.

2. Gift hilft Tieren dabei, Beute zu fangen. Denn ein vergiftetes Beutetier ist entweder gleich tot oder zumindest so geschwächt, dass es sich kaum mehr wehren kann.

Wie die meisten Schlangen legt auch der Inlandtaipan Eier – zehn bis zwanzig Stück –, die von der Sonne oder der warmen Erde in etwa zwei Monaten ausgebrütet werden.

Giftige Tiere, die andere fressen, aber auch von größeren Tieren erbeutet werden, haben sogar beide Vorteile auf einmal.

Schlangen wie der Inlandtaipan, die mit Gift Beute machen, wenden dazu die »Beiß-und-Loslass-Technik« an: Sie beißen ihre Beute, ziehen sich dann sofort zurück, und warten, bis das Gift das Beutetier lähmt. Auf diese Weise können die Schlangen nicht verletzt werden, wenn die Beute um sich schlägt.

Die meisten giftigen Tiere gibt es übrigens in Australien, wo auch der Inlandtaipan lebt. Viele von ihnen sind nicht sehr groß, aber ihr Gift hat es in sich. Zum Glück ist die medizinische Versorgung in Australien so gut, dass dort viel weniger Menschen an Schlangenbissen sterben als irgendwo sonst auf der Welt. Die folgenden hochgiftigen Tiere leben alle in Australien oder im Meer um Australien herum:

Die Kegelschnecke
hat eine lange Zunge, die sie wie einen Giftpfeil in ihre Beute bohrt.

Der Blauringkrake
wird nur etwa zehn Zentimeter groß. Wenn er sich türkis färbt, heißt das: Achtung!

Die Seewespe
ist trotz ihres Namens kein Insekt, sondern eine Qualle. An ihren langen Fangarmen hängen giftgefüllte Kapseln.

Die Trichternetzspinne
kommt vor allem rund um die australische Stadt Sydney vor. Sie misst mitsamt der Beine nur acht Zentimeter.

Was ist ein Kakapo?

Der Kakapo ist ein neuseeländischer Papagei – und einer der ungewöhnlichsten Vögel der Welt. Es ist ein kleines Wunder, dass es ihn überhaupt noch gibt. Denn er ist der einzige Papagei der Welt, der nicht fliegen kann.

Das Kakapo-Weibchen ist nur zu ganz bestimmten Zeiten überhaupt bereit, sich mit einem Männchen zu paaren. Das ist mit ein Grund, warum Kakapos so selten Nachwuchs haben.

Der Kakapo wird bis zu 60 Zentimeter lang und kann bis zu drei Kilo wiegen.

Das brauchte er auch nicht, denn bis vor wenigen hundert Jahren gab es auf Neuseeland keine gefährlichen Raubtiere. Der Kakapo konnte deshalb sein Nest einfach auf dem Boden bauen und dort in Ruhe seine Küken großziehen.

Das änderte sich, als mit Seefahrern auch Ratten und Katzen nach Neuseeland kamen. Sie hatten leichtes Spiel mit dem Kakapo und seinen Eiern, denn er konnte ja nicht fliegen und seine Nester in den Bäumen bauen.

Er konnte auch nicht einfach öfter oder mehr Eier legen als vorher, um die Verluste auszugleichen. Denn die Fortpflanzung der Kakapos ist sehr schwierig: Die Kakapo-Männchen graben lange Wege in den Boden. Darin legen sie flache Höhlen an, in denen sie dann den Sommer über sitzen.

Jede Nacht stoßen sie ihre Rufe aus, um Weibchen anzulocken. Doch die Töne sind so tief, dass die Weibchen oft nicht wissen, aus welcher Richtung sie kommen.

Weil der Kakapo den Raubtieren nichts entgegenzusetzen hatte, war er 1986 schon fast ausgestorben. Damals gab es nur noch 22 Kakapos. Dann startete man ein Rettungsprogramm – und heute gibt es immerhin etwa 90 Kakapos. Ihre Betreuer beobachten und beschützen jeden Einzelnen von ihnen. Jeder Kakapo hat sogar einen eigenen Namen!

Diese Kakapos leben allerdings nicht mehr auf den Hauptinseln Neuseelands, sondern auf einigen kleineren Inseln rundherum, die nur ihre Betreuer betreten dürfen. Nur so haben sie eine Chance zu überleben, zumal es dort keine Raubtiere gibt.

> Happy End auf Stewart Island: Vor zwanzig Jahren verloren die Waldhüter die Spur eines Kakapo auf der kleinen Insel. Der Sender des Vogels war kaputtgegangen. Die Waldhüter suchten jahrelang nach dem Kakapo, gaben aber schließlich auf. Umso größer war ihre Überraschung, als der Kakapo Anfang 2009 plötzlich wieder auftauchte! Dass er es wirklich war, bewies sein Fußring.

Warum können Schimpansen nicht sprechen, wo sie uns doch so ähnlich sind?

Schimpansen sind die Tiere, die am engsten mit den Menschen verwandt sind, und sie haben eine Menge mit uns gemeinsam. Aber sie können nicht so sprechen wie wir und das hat mehrere Gründe.

Schimpansen verständigen sich mit Gesten und einfachen Lauten untereinander, aber Sprachlaute können sie nicht bilden. Das können stumme oder gehörlose Menschen allerdings auch nicht und trotzdem können sie »sprechen«.

Sie verwenden dafür eine Gebärdensprache, bei der die Wörter aus einer Mischung aus Handbewegungen, Gesichtsausdruck und Körperhaltung gebildet werden.

Schimpansen brauchen eine so ausgefeilte Gebärdensprache nicht, weil sie sich normalerweise nur über sehr wenige Dinge verständigen. Zum Beispiel über Gefahren und darüber, wer welche Aufgaben in der Gruppe hat. Trotzdem hat man einigen Schimpansen eine Zeichensprache beigebracht.

Der »Star« unter den sprechenden Affen ist Kanzi, ein Bonobo, das ist ein Zwergschimpanse. Als Baby hat er die Zeichen nicht extra geübt – er hat sie gelernt, während seine Mutter unterrichtet wurde.

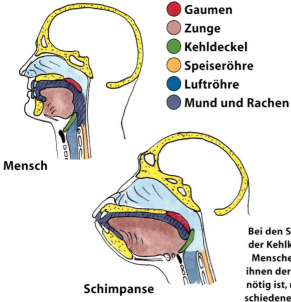

- **Gaumen**
- **Zunge**
- **Kehldeckel**
- **Speiseröhre**
- **Luftröhre**
- **Mund und Rachen**

Mensch

Schimpanse

Bei den Schimpansen liegt der Kehlkopf höher als bei Menschen. Dadurch fehlt ihnen der Platz im Hals, der nötig ist, um die vielen verschiedenen Laute zu bilden, aus denen menschliche Sprachen bestehen.

Nebenbei, wie kleine Kinder es auch tun. Von der gesprochenen Sprache der Menschen konnte er nach einiger Zeit ebenfalls eine Menge verstehen.

Als Kanzi älter wurde, haben die Forscher das »Sprechen« mit den Zeichen und das Verstehen gesprochener Sprache dann gezielt mit ihm geübt. Kanzi versteht ungefähr 500 Wörter – sogar am Telefon. Und etwa 200 Wortzeichen wendet er selbst an.

Aber: »Stell dir vor, was mir eben passiert ist!«, das wird wohl kein Schimpanse je sagen. Nicht nur weil sein Kehlkopf nicht dafür geeignet ist. Anders als alle Tiere haben Menschen sich in Millionen von Jahren körperlich und geistig so entwickelt, dass sie Sprache nun immerzu und für alle möglichen Zwecke benutzen. Wir unterhalten uns auch über Gedanken und Gefühle, über Vergangenes und Zukünftiges. Tiere tun das nicht. Deshalb ist auch kein Tier eine solche »Plaudertasche« wie der Mensch – nicht einmal Kanzi.

Schimpansen leben in Gruppen in den Savannen und Wäldern Afrikas. Sie ernähren sich vor allem von Früchten, Blättern, Nüssen und Insekten. Dafür benutzen sie sogar Werkzeuge: Sie angeln mit Stöcken nach Ameisen oder stochern in Bienennestern nach Honig.

Warum sieht die Stabheuschrecke wie ein Zweig aus?

Ganz offensichtlich will die Stabheuschrecke um keinen Preis auffallen. Das hat sie mit vielen anderen Tieren gemeinsam.

Vor allem Insekten sind Meister der Tarnung. Und für eine solche perfekte »Verkleidung« gibt es gute Gründe.

Im dichten Blattwerk des tropischen Regenwalds verstecken sich viele Insekten. Oft muss man zweimal hinsehen, um sie zu erkennen.

Die Stabheuschrecke gehört zu den Gespenstschrecken, die wie Äste oder Blätter aussehen. Oft ahmen sie sogar die Bewegung nach, schaukeln also wie ein Zweig oder ein Blatt im Wind.

Blattschmetterling

Spannerraupe

Wandelndes Blatt

Stabheuschrecke

Gottesanbeterin

Schneckenspinner-Raupe

Die Orchideenmantis sieht aus wie eine Orchideenblüte. So getarnt wartet sie regungslos auf ihre Beute: Insekten, die den Nektar der Orchidee trinken wollen.

1. Viele Tiere tarnen sich, um sich vor ihren Feinden zu verstecken. Eine Heuschrecke, die wie ein kleiner Zweig unter vielen anderen Zweigen aussieht, hat gute Chancen, dass ein gefräßiger Vogel sie einfach übersieht.

2. Mit einer perfekten Tarnung kann man sich unbemerkt seiner Beute nähern. Wenn sie einen entdeckt, ist es dann meist zu spät.

Oft tarnt sich ein und dasselbe Tier aus beiden Gründen. Viele Insekten beispielsweise schützen sich durch die Tarnung vor Vögeln oder anderen Tieren, die sie fressen wollen. Zugleich verhindert die Tarnung, dass ihre eigene Beute, kleinere Insekten, sie entdeckt.

Die Insekten, die ihr bisher kennengelernt habt, tarnen sich alle, indem sie ein Ding nachahmen, zum Beispiel ein Blatt oder ein Stück Rinde. Es kommt aber auch vor, dass ein Tier sich dadurch tarnt, dass es wie ein anderes Tier aussieht – meist ein gefährliches oder giftiges Tier.

Schwebfliegen ahmen das Aussehen von Bienen oder Wespen nach, um Feinde abzuschrecken. Sie haben aber keinen Stachel.

Wird ein Chamäleon kariert, wenn es auf einem karierten Tischtuch sitzt?

Auch wenn es lustig aussähe: So etwas kann ein Chamäleon nicht. Warum und wie es seine Farbe in Wirklichkeit verändert, ist aber mindestens genauso spannend.

Werdet ihr manchmal rot, wenn euch was peinlich ist? Dann habt ihr etwas mit einem Chamäleon gemeinsam! Es kann aber nicht nur rot werden, sondern auch braun, schwarz, weiß oder bunt. Seine vielfältigen Farbveränderungen drücken ebenso wie euer Rotwerden aus, wie es dem Chamäleon geht und wie es sich fühlt.

Die Farben sind also vor allem dazu da, sich mit anderen zu verständigen. Wenn ein Chamäleonmännchen um ein Weibchen wirbt, färbt es sich so bunt wie möglich, um es zu beeindrucken. Besonders kräftige, klare Farben zeigt es, wenn ein anderes Männchen auftaucht. Damit sagt es: »Leg dich bloß nicht mit mir an!«

Aber das Chamäleon setzt seine besondere Fähigkeit natürlich auch ein, um sich zu tarnen. So versteckt es sich vor einem gefährlichen Vogel oder einer Schlange oder nähert sich unbemerkt seiner Beute.

Schließlich hat die Farbe eines Chamäleons auch mit Licht und Sonne zu tun. Wenn es heiß ist, wird ein Chamäleon hell, um die Sonne wie ein Spiegel zurückzustrahlen. Bei Kälte färbt es sich dunkel, um die Wärme besser zu speichern.

Und so funktioniert die Farbveränderung des Chamäleons: Die Chamäleonhaut besteht aus mehreren Schichten, die winzige Farbkörnchen enthalten. Ob die Haut gelb, rot, blau oder auch schwarz aussieht, hängt davon ab, wie diese Körnchen gerade verteilt sind.

Aber genau wie ihr nicht überlegen müsst, wie ihr das mit dem Rotwerden anstellen sollt, steuert auch ein Chamäleon seine Farbveränderungen nicht bewusst.

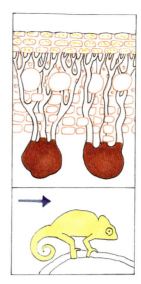

Die oberste Hautschicht des Chamäleons enthält winzige gelbe und rote Farbkörnchen. In der untersten Schicht sitzen besonders dunkle Farbkörnchen. Im Moment sind sie durch die Haut hindurch nicht zu sehen: Das Chamäleon sieht gelb aus.

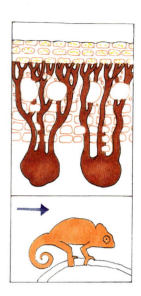

Wenn die dunklen Körnchen über Verästelungen hochsteigen, wird die Farbe, die das Chamäleon gerade angenommen hat, dunkler. Hier verändert sie sich durch die dunklen Körnchen von Hellgelb zu Dunkelorange.

Wozu braucht das Schnabeltier seinen Schnabel?

Man könnte denken, dass das Schnabeltier mit seinem Schnabel dasselbe macht wie die Vögel: Nahrung aufpicken. Das ist auch nicht ganz falsch. Tatsächlich frisst das Schnabeltier mit dem Schnabel. Es hat darin statt Zähnen Hornplatten, zwischen denen es Würmer, Krabben und Insektenlarven zermahlt, bevor es sie herunterschluckt. Aber picken kann es mit dem Schnabel nicht, dazu ist er zu weich und zu biegsam.

Er ist nämlich nicht nur zum Fressen da, sondern dient dem Schnabeltier auch dazu, seine Beute ausfindig zu machen. Gleich unter der Haut liegen besondere Nervenzellen.

Damit kann das Schnabeltier – ähnlich wie ein Hai – die elektrischen Reize wahrnehmen, die entstehen, wenn ein Beutetier sich bewegt. Es kann sogar feststellen, wie weit das Tier entfernt ist. Der weiche, empfindsame Schnabel des Schnabeltiers ist dafür viel wichtiger als seine Augen, weil es nachts jagt.

Das Schnabeltier gilt als eines der interessantesten Tiere der Erde. Es ist zwar eindeutig ein Säugetier – es säugt seine Jungen –, hat aber auch Eigenschaften anderer Tierklassen.

Das Schnabeltier wird ungefähr 50 Zentimeter groß, lebt nur in den Flüssen und Seen Ostaustraliens und ist ein Einzelgänger.

Schnabeltierweibchen haben keine Zitzen oder Brustwarzen wie andere Säugetiere. Die Milch fließt aus den Milchdrüsen am Bauch einfach ins Fell, wo die Jungen sie auflecken.

Wissenschaftler haben inzwischen herausgefunden, dass das Schnabeltier schon vor 160 Millionen Jahren einen anderen Entwicklungsweg eingeschlagen hat als alle anderen Säugetiere. So sind die Eigenschaften der anderen Tierklassen bei ihm als einzigem Säugetier erhalten geblieben.

Es legt Eier wie Vögel und Reptilien und hat einen Schnabel wie ein Vogel. Aus einem Sporn an seinen Hinterbeinen kann es Gift ausstoßen wie eine Schlange.

Das Weibchen gräbt einen bis zu 20 Meter langen Erdbau mit einer Höhle am Ende. Dort legt es in der Regel drei Eier. Die Jungen schlüpfen nach zehn Tagen und sind nicht größer als ein Fingerglied! Fünf Monate bleiben sie im Bau, werden aber auch danach noch von der Mutter gesäugt.

Wo ist bei Quallen vorne und hinten?

Quallen haben keinen Kopf, kein Gesicht und auch keinen Po. Tatsächlich gibt es so etwas wie vorne und hinten bei Quallen gar nicht.

Sie sind strahlensymmetrisch: Wie eine Torte könnte man sie längs an jeder beliebigen Stelle halbieren und würde immer zwei gleiche Hälften erhalten. Die meisten Tiere hingegen – und Menschen auch – sind achsensymmetrisch: Wenn man zwei gleiche Hälften erhalten möchte, muss man sie an einer ganz bestimmten Stelle halbieren.

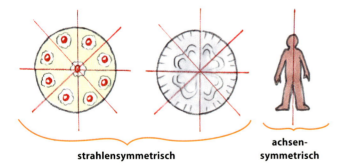

strahlensymmetrisch — achsensymmetrisch

Wie eine Torte sind zwar viele Pflanzen und Pflanzenteile aufgebaut – Blüten zum Beispiel –, aber nur wenige Tiere. Forscher haben herausgefunden, dass das etwas mit der Fortbewegung zu tun hat: Lebewesen, die an einer Stelle festsitzen oder sich im Wasser treiben lassen – so wie Quallen –, brauchen kein Vorder- und Hinterteil. Solche, die sich selbst fortbewegen, schon. Vorne ist bei ihnen dann einfach dort, wo sie sich hinbewegen. Da müssen dann auch die Augen, die Nase und so weiter hinzeigen, damit man wahrnehmen kann, was vor einem ist.

Die Portugiesische Galeere besteht aus vielen Polypen, die alle eigene Aufgaben haben, zum Beispiel fressen, Feinde abwehren, Fangfäden bilden. Ein einzelner Polyp dient als Segel, das aus dem Wasser ragt.

Portugiesische Galeere

Auch bei einem so einfachen Tier wie der Qualle gibt es eine erstaunliche Vielfalt an Farben, Formen und Größen. Die Nomura-Qualle zum Beispiel, die im Meer zwischen Japan und China lebt, wird – ohne Fangarme – zwei Meter groß, die Nordseequalle Halammohydra misst hingegen nur einen Millimeter.

Die meisten Quallen haben Tentakel (Fangarme), an denen Giftkapseln sitzen. Mit dem Gift betäuben sie ihre Beutetiere, damit sie ihnen nicht wegschwimmen. Die Quallen können sie ja nicht verfolgen! Zum Fressen wedeln sich manche Quallen die Beute mit den Tentakeln in die Mundöffnung. Andere halten die Beute mit den Tentakeln fest und stülpen ihre Mundöffnung einfach darüber.

Obwohl Quallen weder ein Gehirn noch ein Herz haben und sich einfach in der Strömung treiben lassen, haben sie sich sehr weit verbreitet: Man findet sie in allen Meeren der Erde.

Quallen mögen kein Vorne und kein Hinten haben, kein Gehirn und kein Gesicht. Aber sie sind trotzdem erstaunliche Tiere mit giftigen Fangarmen – und wunderschönen Farben und Formen.

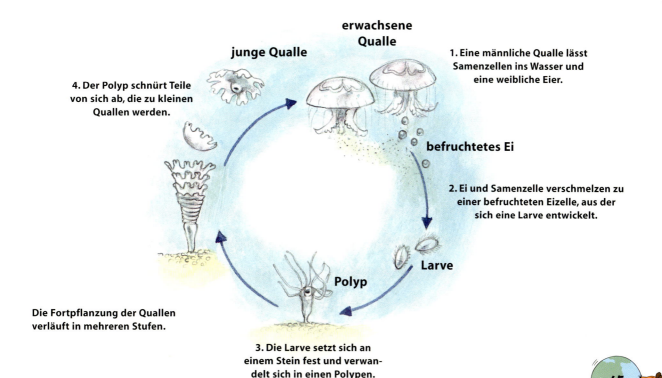

Die Fortpflanzung der Quallen verläuft in mehreren Stufen.

1. Eine männliche Qualle lässt Samenzellen ins Wasser und eine weibliche Eier.
2. Ei und Samenzelle verschmelzen zu einer befruchteten Eizelle, aus der sich eine Larve entwickelt.
3. Die Larve setzt sich an einem Stein fest und verwandelt sich in einen Polypen.
4. Der Polyp schnürt Teile von sich ab, die zu kleinen Quallen werden.

Warum setzen sich Vögel bei Krokodilen ins Maul?

Es sieht ganz schön gefährlich aus, wenn ein Vogel einem Krokodil im Maul herumspaziert. Aber er ist weder verrückt noch besonders wagemutig. Denn er weiß, dass das Krokodil ihn nicht fressen wird. Weil es ihn braucht, sozusagen als lebende Zahnbürste.

Symbiose nennt man es, wenn Lebewesen unterschiedlicher Arten eng zusammenleben, weil es nützlich für sie ist. Wichtig ist, dass beide etwas davon haben – dann wird auch ein kleines Tier von einem großen nicht gefressen.

Krokodile liegen reglos im Wasser, bis sich ein Tier nähert. Mithilfe ihres kräftigen Schwanzes schnellen sie dann aus dem Wasser, packen ihre Beute mit den Zähnen, ziehen sie ins Wasser und ertränken sie.

Putzervögel picken den Krokodilen Essensreste aus dem Maul. Davon haben beide etwas: Das Krokodil bekommt saubere Zähne und der Putzervogel etwas zu fressen.

Ohren, Augen und Nasenlöcher liegen beim Krokodil weit oben am Kopf. So kann es unbemerkt im Wasser liegen und trotzdem noch atmen, sehen und hören. Beim Tauchen schiebt sich ein durchsichtiges Augenlid, die Nickhaut, als Schutz vors Auge.

Solche »Zweckgemeinschaften« sind gar nicht so selten: Viele große Tiere wie Elefanten und Nilpferde werden von Putzervögeln gesäubert, viele Meerestiere von Putzerfischen.

Krokodile gibt es schon seit über 200 Millionen Jahren. Und in dieser langen Zeit haben sie sich kaum verändert. Das war auch nicht nötig, denn Krokodile sind die gefährlichsten Reptilien überhaupt und perfekt an ihr Leben im Wasser angepasst. Ihre Eier legen sie jedoch an Land. Eine Krokodilmutter gräbt ihr Nest in der Erde oder schichtet einen Hügel auf, in dem ihre Eier – bis zu achtzig Stück – von der Sonne ausgebrütet werden. Sie bewacht das Nest aufmerksam. Und auch wenn die Jungen geschlüpft sind, beschützt sie sie noch lange Zeit.

Zum Läusemelken: Manche Ameisen halten sich Blattläuse wie wir Kühe. Sie beschützen die Läuse vor Feinden und trinken dafür die süße Flüssigkeit, die die Blattläuse ausscheiden.

Wenn ihre Jungen frisch geschlüpft sind, nimmt die Krokodilmutter sie vorsichtig ins Maul und trägt sie zum Wasser. Bei Gefahr sind die Kleinen in ihrem Maul auch vor Feinden sicher.

Haben Elefanten wirklich ein besonders gutes Gedächtnis?

Man sagt, dass Elefanten sich immer an Menschen erinnern, die sie schlecht behandelt haben. Das stimmt: Elefanten können sich tatsächlich eine Menge merken, und das meist ihr ganzes Leben lang. Deshalb sagt man auch: »Du hast ein Gedächtnis wie ein Elefant«, wenn jemand sich besonders gut erinnern kann.

Ein gutes Gedächtnis ist für Elefanten lebenswichtig. Jeder von ihnen frisst nämlich am Tag ungefähr 200 Kilo Pflanzen und trinkt über 100 Liter Wasser. Da wäre ruck, zuck alles kahl gefressen, wenn eine Elefantenherde immer an einem Ort bleiben würde. Die Tiere unternehmen deshalb Wanderungen, die Tausende Kilometer lang sind. Und um diese Wege und alle Wasserlöcher wiederzufinden, brauchen sie ein gutes Gedächtnis.

Ein Elefant kann Hunderte andere Elefanten in seinem Gedächtnis behalten: Auch wenn er sie jahrelang nicht gesehen hat, erkennt er sie wieder.

Um sich so gut erinnern zu können, muss man ziemlich intelligent sein. Und das trifft auf Elefanten zu. Sie können sich zum Beispiel in einem Spiegel erkennen. Das gelingt nur sehr intelligenten Lebewesen – außer Menschen auch Affen und Delfinen.

Elefantenherden bestehen aus Kühen und Kälbern; die Elefantenbullen kommen nur zur Paarung dazu. Jede Herde wird von einer Leitkuh geführt. Sie kennt alle Wege zum Wasser und kümmert sich um den Zusammenhalt der Herde.

Forscher haben inzwischen herausgefunden, dass Elefanten sogar Folgen von Tönen benutzen, um anderen Elefanten etwas mitzuteilen. Ungefähr 100 verschiedene solcher »Wörter« hat man bisher entdeckt. Offenbar hat jeder Elefant sogar einen eigenen Namen!

Elefanten kümmern sich um verletzte Herdenmitglieder. Und sie trauern um ihre Toten: Oft bleiben sie lange an einem Ort, an dem ein Herdenmitglied gestorben ist. Manchmal bedecken sie die Knochen sogar mit Erde und Zweigen.

Erstaunlich ist auch, wie Elefanten sich verständigen: Sie geben Töne von sich, die so tief sind, dass Menschen sie gar nicht hören können. Die Töne lassen die Erde leicht schwingen, und mit dem Rüssel und den Füßen »hören« die Elefanten das, auch wenn sie mehrere Kilometer weit weg sind.

Die »Nasenhand« des Elefanten besteht aus mehr als 40 000 Muskeln. Damit kann er an hohen Bäumen fressen, sehr kleine Dinge greifen, pro Zug bis zu zehn Liter Wasser einsaugen, unter Wasser »schnorcheln« und andere Elefanten streicheln.

Warum hat das Kamel Höcker?

Man hört oft, dass Kamele in ihren Höckern Wasser speichern, um die langen Wüstenwanderungen zu überstehen. Aber das stimmt nicht! Tatsächlich sind die Höcker voller Fett, von dem ein Kamel zehren kann, wenn es lange nichts zu fressen findet. Und das ist nur einer von vielen Tricks, die Kamele entwickelt haben, um in der Wüste zu überleben.

Wenn man euch in einer Wüste aussetzen würde, würdet ihr tagsüber schwitzen und nachts frieren, der heiße Sand würde an euren Füßen brennen, euch in die Augen fliegen und eure Nase verstopfen – und ihr wärt schon bald ausgetrocknet oder verdurstet. All das passiert einem Kamel nicht, denn für jedes dieser Probleme hat es die passende Lösung:

Die langen Wimpern schützen die Augen vor Sand.

In den Höckern ist Fett als Nahrungsvorrat gespeichert.

Das helle Fell nimmt Wärme schlechter auf als ein dunkles.

Bei einem Sandsturm kann ein Kamel seine Nasenlöcher verschließen.

Der schmale Körper bietet kaum Angriffsfläche für die Sonne.

Die langen Beine halten den Körper weit vom heißen Sand weg.

Damit das Kamel wenig Wasser verliert, ist sein Kot sehr hart und trocken.

Die dicken Schwielen an den Füßen verhindern, dass das Kamel heiße Füße bekommt.

Die Schadstoffe im Urin werden mit so wenig Wasser wie möglich ausgeschieden.

Überall auf der Welt leben Menschen in Wüsten eng mit Kamelen zusammen. Sie reiten auf ihnen, lassen sie ihr Gepäck tragen, trinken ihre Milch und legen sich in der Nacht neben sie, um sich zu wärmen.

Dass das Kamel für die Wüste bestens ausgerüstet ist, sieht man von außen an seinem Körperbau. Aber auch in seinem Körper gibt es ein ausgeklügeltes Wassersparsystem. Wenn das Kamel einatmet, wird die heiße Wüstenluft in der langen Nase abgekühlt. Auf dem Weg in die Lunge wird sie wieder wärmer und nimmt Wasserdampf auf. Beim Ausatmen kühlt sie sich in der Nase dann wieder ab. Und weil kühle Luft weniger Wasser halten kann als warme, setzt sich in der Nase Wasser ab. Die ausgeatmete Luft ist deshalb wieder recht trocken.

Wenn es aber einmal Wasser gibt, legen Kamele in ihrem Körper gleich einen großen Vorrat an, mit dem sie eine längere »Durststrecke« überstehen: In wenigen Minuten können sie bis zu 200 Liter trinken. Das kann sonst kein Säugetier.

Kamele können außerdem ihre Körpertemperatur anpassen. In der Nacht senken sie sie bis auf 34 Grad und verlieren dadurch wenig Körperwärme. Tagsüber erhöhen sie sie auf bis zu 40 Grad und geraten dadurch kaum ins Schwitzen.

Kamele mit einem Höcker heißen Dromedare, die mit zwei Höckern nennt man Trampeltiere.

Wie können Geckos kopfüber an Scheiben laufen?

Es sieht so leicht aus, und doch haben Forscher erst vor Kurzem herausbekommen, wie Geckos dieses Kunststück schaffen. Dabei spielen eine besondere Kraft und jede Menge Haare eine Rolle.

Entscheidend dafür, dass der Gecko fest genug haften kann, ist die Anziehungskraft: Oberflächen, die sich berühren, ziehen sich nämlich an. Sonst würde zum Beispiel Kreide an keiner Tafel haften, sondern einfach runterrieseln. Diese Kraft ist zwar recht schwach – aber der Gecko hat ganz besondere Füße, die sie enorm verstärken. Und da kommen nun die Haare ins Spiel:

Unter den Füßen hat der Gecko Lamellen, das sind nebeneinander angeordnete dünne Scheiben, wie bei einer Jalousie.

Wenn man diese Lamellen unterm Mikroskop betrachtet, sieht man, dass sie aus kleinen Härchen bestehen.

Die sind zehnmal feiner als menschliche Haare und ein einziger Gecko hat 6,5 Millionen davon an seinen Füßen! Aber das ist noch nicht alles: Jedes Härchen spaltet sich am Ende in viele winzige Blättchen auf.

Diese Blättchen sind so klein, dass sie sich an jede noch so winzige Unebenheit einer Oberfläche anpassen können.

Hier setzen gerade zwei Härchen einer Lamelle auf einer glatten Fläche auf.

Auch Glas ist nicht so glatt, wie es aussieht, sondern hubbelig. Die Blättchen greifen in die Vertiefungen hinein. Und jedes einzelne Blättchen verstärkt die Anziehungskraft.

Wissenschaftler versuchen zurzeit, nach dem Vorbild des Geckofußes einen Superkleber herzustellen. Der soll sehr stark sein, sich aber auch schnell wieder lösen lassen und keine Reste hinterlassen.

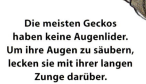

Die meisten Geckos haben keine Augenlider. Um ihre Augen zu säubern, lecken sie mit ihrer langen Zunge darüber.

Bionik nennt man es, wenn Wissenschaftler versuchen, Erfindungen der Natur durch technische Mittel nachzuahmen. Dazu sehen sie sich die Tricks und besonderen Fähigkeiten von Pflanzen und Tieren genau an.

Zum Beispiel schauen sie sich bei Vögeln ab, wie man Flugzeugflügel am besten formt.

Und wer weiß: Vielleicht kann man eines Tages sogar Schuhe und Handschuhe herstellen, mit denen Menschen wie Geckos die Wände hochlaufen können...

Mauslexikon

Anziehungskraft: Eine schwache Kraft, die überall wirkt, wo zwei Oberflächen sich berühren. Ohne diese Kraft würde zum Beispiel Frischhaltefolie nicht an einer Schüssel haften.

Amphibien: Tiere wie Frösche, Kröten und Salamander, die sowohl im Wasser als auch an Land leben. Das Wort kommt aus dem Griechischen und bedeutet »doppellebig«.

Arktis: Das Gebiet um den Nordpol herum. Es umfasst Teile von Russland, Alaska, Kanada, Grönland, Lappland und Spitzbergen und dazu den Arktischen Ozean, der zum größten Teil mit Eis bedeckt ist.

Art: Tiere und Pflanzen werden in der Biologie danach eingeordnet, wie eng sie miteinander verwandt sind. Lebewesen einer Art sind so nah verwandt, dass sie sich untereinander fortpflanzen können. Beispiel: Ein Pudel und ein Terrier können sich paaren und Nachwuchs bekommen. Haushunde gehören nämlich alle zur selben Art, den Wölfen. Ein Hund und eine Katze können jedoch keinen Nachwuchs bekommen, weil die Hauskatze zu einer anderen Art gehört: den Wildkatzen.

Klasse:
Säugetiere

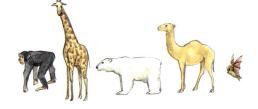

Gattung:
Ursus

Art:
Eisbär

Tiere oder Pflanzen werden in Gruppen eingeteilt. Diejenigen, die am engsten verwandt sind, gehören zur selben Art. Verwandte Arten werden in einer Gattung zusammengefasst, verschiedene Gattungen in Familien und so weiter. Die Klasse – hier die der Säugetiere – steht dann schon mehrere Stufen über der Art.

Beuteltiere: Eine Unterklasse der → Säugetiere. Die Jungen werden schon sehr früh und sehr klein geboren und wachsen dann im Beutel der Mutter weiter heran. Beispiele: Känguru, Koala, Beutelratte.

Bionik: In der Bionik versuchen Wissenschaftler, die Erfindungen der Natur durch technische Mittel nachzuahmen. Das Wort ist aus »Biologie« und »Technik« zusammengesetzt.

Gattung: Sehr eng verwandte → Arten von Tieren oder Pflanzen werden in einer Gattung zusammengefasst. Ein Beispiel: Der Bonobo (Zwergschimpanse) ist eine Art, die zur Gattung der Schimpansen gehört.

Gebärmutter: Die Gebärmutter ist der Ort im Körper der Mutter, an dem sich bei Säugetieren die Jungen entwickeln, bevor sie geboren werden.

Insekten: Alle Insekten haben drei Beinpaare, ein Paar Fühler und fast alle besitzen dazu noch zwei Flügelpaare. Beispiele: Fliege, Heuschrecke, Marienkäfer.

Kiemen: Die Organe, mit denen Fische und Kaulquappen atmen. Damit nehmen sie den Sauerstoff auf, der sich im Wasser befindet.

Klasse: Eine Stufe bei der Einteilung von Tieren, die einige Stufen über der → Art und der → Gattung liegt. Das Kamel zum Beispiel gehört zur Klasse der Säugetiere. Weitere Klassen: Vögel, Reptilien, Amphibien, Fische.

Kolonie: Eine große Gruppe von Vögeln, Insekten, manchmal auch Säugetieren, die eng zusammenleben und zugleich von anderen Gruppen weit entfernt sind.

Lamellen: Nebeneinander angeordnete dünne Scheiben, zum Beispiel an Geckofüßen, unter dem Hut eines Pilzes oder auch an einer Jalousie.

Larve: Bei Tieren, die eine → Metamorphose durchlaufen, ist das die Zwischenform in der Entwicklung vom Ei zum erwachsenen Tier. Beispiele: Raupe, Kaulquappe.

Lorenzinische Ampullen: Dunkle → Poren rund um Schnauze und Augen eines Hais, die unter der Haut in sehr empfindlichen Zellen enden. Der Hai kann damit elektrische Reize wahrnehmen.

Metamorphose: Entwicklung eines Tieres über mehrere Zwischenformen. Das Jungtier sieht dabei ganz anders aus als das erwachsene Tier. Beispiele: Ei – Kaulquappe – Frosch, Ei – Raupe – Schmetterling.

Poren: Kleine Öffnungen, zum Beispiel in der Haut von Menschen und Tieren. Durch die Poren wird der Körper zum Beispiel Schweiß und abgestorbene Hautzellen los.

Register

Reptilien: Reptilien haben eine Hornschuppenhaut, einen Schwanz und legen entweder Eier oder bringen lebende Junge zur Welt. Außerdem sind sie → wechselwarm. Beispiele: Krokodil, Schlange, Schildkröte.

Rudel: Eine kleine Gruppe von Säugetieren, zum Beispiel von Wölfen, Löwen oder Elchen. Andere Bezeichnungen für Tiergruppen sind: Herde (eine größere Gruppe großer Säugetiere, zum Beispiel von Elefanten oder Zebras), Schule (Delfine) und Schwarm (Insekten).

Säugetiere: Säugetiere erkennt man daran, dass sie ihre Jungen mit Milch säugen. Beispiele: Giraffe, Tiger, Fledermaus, Wal.

Savanne: Eine Savanne zeichnet sich durch hohes Gras und wenige, vereinzelt stehende Bäume aus. Es gibt Savannen auf allen Kontinenten außer in Nordamerika und der Antarktis.

Schall: Schwingungen der Luftteilchen, die wir hören können – als Geräusche, Klänge oder Töne. Schall breitet sich wellenförmig nach allen Seiten aus, so ähnlich wie die Welle, die ein Stein erzeugt, wenn ihr ihn ins Wasser werft. Außer den Schallwellen gibt es auch Schwingungen in der Luft, die wir nicht hören können.

Steppe: Eine baumlose, trockene Graslandschaft mit wenig Pflanzen und Tieren. Steppen gibt es auf allen Kontinenten außer der Antarktis.

Symbiose: Das friedliche Zusammenleben zweier oder mehrerer Lebewesen, von dem beide Seiten Vorteile haben.

Tentakel: Fangarm, zum Beispiel von Tintenfischen oder Quallen.

Tierklasse: → Klasse.

Treibeis: Eis, das in großen Platten auf Meeren, Flüssen oder Seen in kalten Regionen schwimmt.

wechselwarm: Bei wechselwarmen Tieren wie → Reptilien hängt die Körpertemperatur direkt von der Außentemperatur ab: In der Sonne steigt ihre Körpertemperatur, in der Kälte sinkt sie.

Wüste: Gegend der Erde, in der es keine oder nur sehr wenige Pflanzen gibt. Man unterscheidet Eiswüsten, zum Beispiel weite Teile der Antarktis, und Trockenwüsten, zum Beispiel die Sahara in Afrika.

Zelle: Die kleinen Einheiten, aus denen alle Lebewesen bestehen. Ein Mensch hat etwa 100 Billionen Zellen, ausgeschrieben: 1 000 000 000 000.

Affe 48
Ameise 24/25, 47
Amphibien 31
Arktis 5
Art 13

Bär 14
Beuteltiere 6/7
Bionik 53

Chamäleon 40/41

Delfin 48
Dromedar 51

Eisbär 4/5
Elefant 47–49

Faultier 12/13
Fisch 10, 16, 29, 31
Fledermaus 22/23
Fliege 13, 19
Frosch 10, 26/27

Gattung 13
Gebärmutter 7
Gecko 52/53
Giraffe 20/21

Hai 14/15, 42
Heuschrecke 38/39

Inlandtaipan 32/33
Insekten 18/19, 23–25, 31, 38/39

Kakapo 34/35
Kamel 50/51
Känguru 6/7
Katze 10, 22
Kaulquappe 26–29
Kiemen 29
Koala 13
Kolonie 16
Krake 9, 33
Krokodil 46/47

Lamelle 52
Larve 25, 29, 45

Libelle 29
Lorenzinische Ampullen 15

Maus 23
Metamorphose 28/29

Nilpferd 47

Plankton 15
Polyp 44
Pore 15

Qualle 15, 44/45

Raubtier 11, 14, 20, 35
Reptilien 31, 43, 47
Rudel 20

Säugetier 43, 51
Savanne 20, 37
Schall 14
Schimpanse 36/37
Schlange 22, 32/33
Schmetterling 30
Schnabeltier 42/43
Schnecke 33
Schwarze Witwe 19
Seekuh 13
Spinne 13, 18/19, 23, 33
Steppe 7
Symbiose 46

Tentakel 45
Tierklasse 42
Tiger 10/11, 14
Tintenfisch 8/9
Tölpel 16/17
Trampeltier 51
Treibeis 5

Vogel 46

wechselwarm 31
Wüste 32, 50

Zelle 15
Zitronenfalter 13

Die große Sachbuchreihe mit der Maus!

Frag doch mal ... die Maus!
Ritter und Burgen
ISBN 978-3-570-13145-9

Frag doch mal ... die Maus!
Unser Wald
ISBN 978-3-570-13146-6

Frag doch mal ... die Maus!
Autos
ISBN 978-3-570-13147-3

Frag doch mal ... die Maus!
Zeitreise
ISBN 978-3-570-13148-0

Frag doch mal ... die Maus!
Dinosaurier
ISBN 978-3-570-13149-7

Frag doch mal ... die Maus!
Flugzeuge
ISBN 978-3-570-13150-3

Frag doch mal ... die Maus!
Meere und Ozeane
ISBN 978-3-570-13151-0

Frag doch mal ... die Maus!
Mein Körper
ISBN 978-3-570-13152-7

Frag doch mal ... die Maus!
Pferde
ISBN 978-3-570-13153-4

Frag doch mal ... die Maus!
Fußball
ISBN 978-3-570-13404-7

Frag doch mal ... die Maus!
Weltall
ISBN 978-3-570-13155-8

Frag doch mal ... die Maus!
Indianer
ISBN 978-3-570-13402-3

Frag doch mal ... die Maus!
Wale und Delfine
ISBN 978-3-570-13156-5

Frag doch mal ... die Maus!
Wetter und Klima
ISBN 978-3-570-13401-6

Frag doch mal ... die Maus!
Piraten
ISBN 978-3-570-13683-6

Frag doch mal ... die Maus!
Tiere aus aller Welt
ISBN 978-3-570-13634-8

Frag doch mal ... die Maus!
Weltreligionen
ISBN 978-3-570-13622-5

cbj
www.cbj-verlag.de/diemaus